Camomille

Suicides
Toxiques

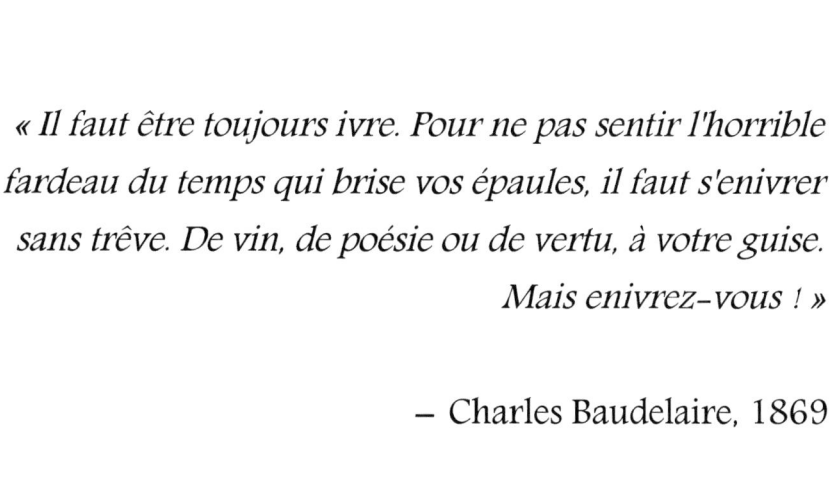

« Il faut être toujours ivre. Pour ne pas sentir l'horrible fardeau du temps qui brise vos épaules, il faut s'enivrer sans trêve. De vin, de poésie ou de vertu, à votre guise. Mais enivrez-vous ! »

– Charles Baudelaire, 1869

Préambule

Tuer le temps. Tuer la réalité. Se tuer soi-même.
S'échapper n'est pas toujours facile. Autrefois, je dormais. Je dormais autant que possible, lorsqu'Anxiété me le permettait, pour tout oublier. Et puis, j'ai découvert la fête, la débauche, l'amitié, et les *paradis artificiels.*

Je remercie tous mes amis, ma famille, ainsi que mes lecteurs, pour m'avoir offert un soutien plus que précieux ainsi qu'une source inépuisable d'inspiration.
Merci maman, papa, Fantôme, M, J, L, C, N, T, S, C, F, A, et tous les autres que je ne peux citer. Merci d'avoir été là, merci pour nos fous-rires, merci de ne pas m'avoir laissée tomber. Merci pour tout. Merci d'exister.

Merci Marie-Jeanne.

Bonne lecture,

Camomille.

« Gribouillis »

03/11/2016

Encore un poème raturé sur ma feuille de cours
Que j'ai rempli de gribouillages pour m'évader de leurs discours,
Vous savez, les marionnettes de l'Éducation Nationale.

Laissez-moi rêver en paix,
Je décroche, et alors ?
C'est à moi d'en assumer
Les conséquences.

« Ne pars pas au Canada »

03/11/2016

Fantôme, ne pars pas au Canada,
Fantôme, oh, que ferais-je sans toi ?

S'il-te-plaît, range tes valises,
Quand tu t'en vas, je balise.

J'ai besoin que tu sois là,
Que tu fasses fuir les miss Anxiety, Loneliness, Nostalgia.

Non, Fantôme, ne pars pas,
S'il-te-plaît, ne pars pas au Canada.

« Encore un cauchemar »

07/11/2016

Encore un cauchemar
Presque aussi terrible que les yeux ouverts,
J'en ai marre,
Je n'aime pas l'hiver.

Je suis fatiguée...
J'ai plus envie,
J'ai plus envie de travailler,
J'ai plus envie de faire des efforts,
Je n'arrive plus qu'à m'allonger
Et penser un peu trop à la mort.

Ça va mieux quand il faut beau dehors,
Quand les rayons du soleil passent et réchauffent et
éclairent.
Je me sens bien quand il est près de moi, quand on parle des
gens, de la vie, de l'origine de l'univers,
Des paradis artificiels, du monde qui tourne à l'envers,
De l'infini, des dimensions, du sens caché de mes vers.

C'est agréable quand l'alcool coule dans la gorge et
s'enflamme,
Quand je bois comme je rêve d'une vie sans angoisse, sans
limites, sans drames.

Je ne suis pas à ma place sur cette chaise parmi 30 autres
alignées,

Devant un grand manitou qui ne sait que parler.
Je n'appartiens pas à ce système où tout est calculé,
Sans création, calibré, carré,
Je n'aime pas l'école, je veux quitter le lycée.

J'ai les yeux qui piquent : je suis fatiguée,
Je voudrais dormir toute une éternité
Et seulement me réveiller
Pour écrire, m'amuser et créer.

« L'Ouragan s'est un peu calmé »
08/11/2016

L'ouragan s'est un peu calmé,
Je crois que les médicaments commencent à faire leur effet,
À moins que ce ne soit toi, et les autres, la semaine
dernière, cette soirée ;
En tout cas il y a quelque-chose qui s'est passé depuis que
je t'ai revu.

Je me sens un peu mieux, j'ai tenu déjà une semaine entière
sans rechuter,
Tu t'imagines ?
Ça fait une semaine que je ris un peu, que j'ai envie des
choses un peu aussi, ça fait une semaine que j'ai pas pleuré.
Depuis que novembre s'est levé près de toi il y a quelque-
chose qui a changé,
Quelque-chose qui m'a prit la main et m'a relevée.

J'ai même fait un peu mes devoirs hier,
Tu te rends compte ?
La dernière fois je devais avoir un mois et demi de moins
déjà.

Je sais pas si c'est l'alcool, si c'est tes potes, si c'est le Foyer,
Je sais pas si c'est toi, ton rire, tes yeux, ton amitié,
Si c'est l'infini, la quatrième dimension ou l'espace-temps,
Si c'est quand tu m'as dit : « Tu es l'Ouragan. »,
Mais il s'est passé quelque-chose ce soir-là, quelque-chose
de vivifiant,

Quelque-chose d'héroïque, qui chasse les songes terrifiants.

Fantôme, je ne sais toujours pas trop si c'est toi ou les médicaments,
Ou les deux, peut-être,
Mais Fantôme, une fois encore je te le dis :

Merci.

« On dirait que toute la joie qu'il y avait en toi est partie. »

14/11/2016

J'ai à nouveau perdu mon âme. Elle s'est égarée, là, quelque-part, effrayée par la Solitude et l'Anxiété. Je ne suis plus qu'un corps, un corps mou qui n'est bon qu'à dormir, un corps qui ne sait que manger et pisser, qui espère désespérément que des mains chaudes et douces se posent sur lui pour enfin apaiser ces muscles douloureux qui se tendent et se contractent. Des mains qui le couvriraient de caresses, de massages, comme le Fantôme autrefois.

C'est un corps qui ne peut plus que se toucher un peu lui-même comme un malade qui ravale son vomi, comme s'il pouvait s'auto-suffire avec une demi-heure de plaisir de temps en temps.

Mais quand l'orgasme s'éteint, la dépression revient. Elle envahit le corps à nouveau et achève. Le corps a mal aux yeux, a mal au dos, a mal au crâne. Il ne veut que dormir. Dormir pour fuir la réalité terrible, terrifiante.

« Lettre au Fantôme »
19/11/2016

Le 19 Novembre 2016
à Cernay

Fantôme,

Il y a tant de choses que j'aimerais te dire. Je crois que je vais commencer par te dire « je t'aime ». Enfin... que je t'aimais, il y a fort longtemps, lorsque j'étais encore trop idiote pour penser à te le dire, avant que ce ne soit trop tard, avant que l'Ouragan ne dévaste les prés.

Ne pars pas au Canada, je t'en prie... Je suis si affreusement égoïste que de te demander une telle chose, mais que deviendrais-je si tu t'en vas ? Trois semaines à une heure de route est déjà une éternité, alors 6 mois au bout du monde... J'ai besoin de toi, moi, mais toi, qu'en as-tu à faire de moi ? Je sais que si tu pars, tu ne m'enverras jamais le premier message, tu ne prendras pas de mes nouvelles comme je voudrais prendre des tiennes, car tu n'as pas besoin de moi, toi. Tu n'as plus besoin de moi. Si il faut que quelqu'un me console, comment ferais-je si tu n'es pas connecté aux réseaux sociaux, étant donné que je ne pourrais t'envoyer un message sur ton téléphone portable ? Et puis le décalage horaire, tu y as pensé, au décalage horaire ? Il y a entre 5 et 9 heures de différence entre ici et là-bas, donc si je pleure au milieu de la nuit, disons vers 1h du matin, tu seras soit en train de prendre ton petit déjeuner, soit en route pour l'école ou alors en cours. Tu seras toujours occupé quand je pleurerai, alors qui me consolera ? Fantôme, ne pars pas au Canada...

Je pense que tu ne te rends pas compte du point auquel je m'en veux d'être ce que je suis, d'être un bébé, une pleurnicheuse, une catastrophe, un Ouragan. Ça ne se contrôle pas, les Ouragans... et mes émotions non plus. Si on comptait une à une toutes les larmes que j'ai versées dans ma vie, toutes les larmes de mon corps mais aussi toutes celles que j'ai pleurées pour les autres dont j'absorbe les sentiments comme une éponge qu'on éponge ensuite et aussi toutes les larmes que j'ai pleurées pour l'écosystème et toutes les injustices de l'univers, alors nous pourrions remplir des seaux, des mares, des piscines olympiques, des océans, ces océans qui font naître les Ouragans.

Un Ouragan, ça naît en partie en conséquence de chocs thermiques, d'une différence chaud-froid qui éclate. Moi, l'Ouragan, je nais de mes chocs émotionnels, de mes sautes d'humeur fréquentes et de la naissance du froid dans la saison, et c'est pour ça que je suis un Ouragan, aussi. Les Ouragans, ça pleut beaucoup... comme mes yeux marrons qui voudraient rester fermés à tout jamais. Un Ouragan, ça naît au beau milieu de l'océan et puis ça vient dévaster les prés, ces prés calmes et paisibles comme le bonheur ; et puis après, l'Ouragan, il dévie sur les villages alentours pour les détruire à tout jamais. La Valse de l'Ouragan ne se finira donc-t-elle jamais.. ? J'en ai assez de danser sur ce vieux disque rayé qui répète le même loop, les mêmes erreurs, encore et encore. C'est toujours le même rythme, la même mélodie, cette mélodie punk-rock sale et saturée qui se nomme probablement « auto-destruction ». Un Ouragan ça se contrôle pas...

Fantôme, pardon d'avoir éclaté tout près du pré de notre bonheur il y a fort longtemps, pardon d'avoir tout dévasté tandis que toi, le village, tu as été détruit, assassiné. Pardon d'être née de la naissance de l'hiver et d'un changement d'humeur, pardon d'être comme ça, pardon d'avoir fait ça. Pardon d'avoir beaucoup plu alors qu'il n'y avait pas de nuages, pardon d'être une perturbation, d'être perturbée.

Fantôme, reviens à moi, et ne pars pas au Canada.

Mille pardons et mille mercis,

Signé : Camomille

« Ça fait longtemps que je n'ai pas écrit »
30/11/2016

Cela fait longtemps que je n'ai pas écrit,
Pourtant les récents événements de ma vie
Devraient susciter une forte inspiration
Pour décrire mes angoisses, mes projets et mes passions.

« Presque suicide raté »

30/11/2016

Seule, dans la cage d'escalier,
Si seule, ne pouvant le supporter,
Fatiguée, d'angoisse et de trop penser,
Épuisée, de ces questions sans réponse, de ne pouvoir tout
savoir et de me faire avoir
Par la vie, m'ayant rejetée.

Assise à terre, je vis à mes côtés
Une prise, comme pour moi exposée,
Plus envie de réfléchir, ou de faire attention :
La Mort comme unique solution.

Prise de folie, dans une palpable tension
Électrique, comme attirée par moi,
Je la vis, y approchai mes doigts.

Mais au dernier moment, un éclair a frappé,
J'y crus, pourtant, mais je fus terrifiée,
Et alors, entre vie et mort coincée,
Je me retrouvai à ne savoir que faire.

Désespérée, j'envoyai un message au Fantôme
Qui fût mon seul ami face à la peur qui embaume.
Il me répondit de sorte bien ironique,
J'eus l'impression qu'il se fichait de ma panique.

Et pourtant, je suis-je rendue compte

Plus tard dans la journée, que j'avais bien honte :
Évidemment, qu'il était inquiet,
Qui ne le serait pas face au suicide raté ?

Le soir, j'expliquai ma pseudo-tentative
À une personne de confiance, qui aussitôt fût choquée
Et prévint une amie qui prévint mes parents.

Et depuis ce soir là, Solitude s'en allant,
Je vis enfin que je ne suis pas seule ;
Bien que cela soit triste que je sois tombée si bas
Et que j'eusse besoin, pour aller mieux, de ça.

Depuis, j'essaye de tenir,
J'essaye de survivre et de faire des efforts
Pour montrer à la Vie qui est le plus fort
Et que plus jamais, me poussera-t-elle à la Mort.

Dépression, tu m'auras pas, tu m'auras plus,
Nous ne sommes plus une contre une, je ne suis plus déçue
et
Lily Loneliness n'a qu'à bien se tenir :
Elle et sa paresse ne doivent plus m'envahir.

« Pas le briquet, la gourmette ! »

03/12/2016

Je n'en veux pas, de ce briquet,
Je veux la gourmette à mon poignet
Car ce créateur d'étincelle
N'a rien à voir avec la belle.

Comme toi, Fantôme, n'a rien à voir avec ton corps en vie,
Il est parti et je n'ai pas envie
De continuer à penser
Qu'il sera ressuscité.

« J'aime pas l'amour »

05/12/2016

Il y a parfois des notes de musique qui vous embaument et
vous emmènent.
Moi j'aimais bien ton regard à l'époque quand tu me disais
« je t'aime »
Pour m'embêter parce-que j'aime pas ça. J'étais bête.
Je suis trop triste tout le temps, il faut que j'arrête.

Je veux danser toute la nuit comme samedi soir
Sans être anxieuse, sans ces ombres toutes noires
Qui me suivent tous les jours et tout le temps
Et disparaissent après quelques verres ou que tu m'aies
réconfortée un instant.

J'ai envie de quitter le lycée et vivre ma vie,
Préparer mon entrée
À l'École de la Cité
Et laisser tomber tous mes soucis.

Tout le monde croit que je veux être un peu plus que ton
amie,
Parce-qu'avec toi, je suis heureuse,
Ils pensent que je suis amoureuse
Mais j'ai pas envie.

Je ne veux pas tomber dans tes bras, même le temps d'une
nuit,
Même si c'est tentant

Vu que c'est réconfortant,
Mais il ne faut pas, non, non, cette idée, il faut que je
l'oublie.

J'aime pas l'amour,
J'aime pas les cœurs en roulement de tambour,
J'aime pas qu'on me fasse la cour,
J'aime pas que l'on m'aime tout le jour.

J'aime les amitiés,
Ces amitiés fortes et puissantes
Qui durent l'éternité,
Ces amitiés passionnantes fusionnelles et charmantes.

J'aime les amitiés un peu physiques,
Où les mains glissent sur les membres et massent,
Où les caressent se perdent et font oublier la panique,
Où l'Anxiété, la Solitude et la Nostalgie se cassent.

Fantôme, Fantôme... que faire avec toi ?
Je suis trop insatiable, tu vois,
Regarde : on s'est bien réconciliés, et ça suffit toujours pas !
Je suis trop égoïste, j'aime pas ça.

Bon, Fantôme, excuse-moi,
J'ai l'impression de m'enfoncer
À chaque fois
Que je te parle du passé.

Tu t'en fous, je sais, je sais...
Mais j'ai besoin de le dire.

Et voilà l'égoïsme qui refait son entrée,
Tu vois, plus je parle plus c'est pire.

Moi je moi je moi je,
C'est **mon** pronom préféré,
C'est **ma** meilleure expression, **mon** meilleur enjeu,
Je ne sais que **me** plaindre, **m'**enfoncer et râler.

Oh, Fantôme, désolée.

« La Mort du Fantôme »

05/12/2016

Les Dauphins et les Licornes ne danseront pas main dans la main,
Le Fantôme laisse les sentiments de l'Ouragan incertains,
Le Yin et le Yang plus jamais ne s'aimeront plus fort que le Big Bang,
Il est temps de l'accepter :
Fantôme est vraiment décédé.

J'irai sur sa tombe pour pleurer,
Les larmes seront plus grosses en pensant que jamais, la gourmette, je ne la récupérerai,
De lui, c'était la dernière chose qui me restait.

Alors le Fantôme d'aujourd'hui, celui qui boit et qui s'en fout,
Je dois accepter que je n'obtiendrai pas tout
Le réconfort et l'amitié et l'exclusivité que j'attends,
Car je ne suis qu'un poisson parmi tant d'autres dans le banc
D'amis du Fantôme insouciant.

« En Attaché »

07/12/2016

Il faut que je vide mon cerveau
Car il est trop plein,
Trop plein d'idées et de maux
Qui envahissent le terrain.

Il faut que je me prépare
À organiser mon destin
Sans tristesse, sans idées noires,
Que je chasse les songes malsains.

J'aime bien
Écrire en attaché, raturé
Comme pour écrire « demain »
Avec la plume du passé.

J'aime écrire des poèmes
Même si peu de gens les aiment,
Car ils me permettent d'exprimer
Mes sentiments refoulés.

« Des trucs dans la tête »

10/12/2016

J'ai des trucs dans la tête :
Mon imagination
Qui casse le casse-tête
De mes éternelles questions.

« Pas prendre de photos »

13/12/2016

Je ne veux pas prendre de photos,
Juste regarder le paysage
Et admirer comme il est beau,
Faire fuir les nuages
De ma vie en tirant sur un bédo.

Le carnet est presque terminé
Et je ne veux pas danser,
Je veux seulement écrire
Autant que possible avant de mourir.

Mon stylo, lui aussi,
De son encre est bientôt vidé,
Me donnant encore plus envie
De voir les mots s'étaler.

14/12/2016

« L'Artiste Tourmentée »

24/12/2016

J'écris des **poèmes**
Pour partager ma peine,
Pour faire fuir les ombres
Que la **dépression** amène.

Gourmette à mon poignet,
Fantôme énervé,
Agacé de savoir
Que je l'ai récupérée.

Je peins des **tableaux**
Pour dessiner mes maux,
Maux de mon cerveau
Quand il ne sait y poser des mots.

Et le soir, quand à nouveau
Des mains ont couru tout le long de ma peau,
Sur les bras, les épaules, puis parcourant mon dos,
Doucement ou plus fort, et de bas en haut,
Comme il y a deux ans,
Mon meilleur présent.

Je fais des collages
Pour expulser ma **RAGE**,
Pour montrer au monde
Ma **détresse** immonde.

Quand l'alcool coule dans la gorge
Et qu'il reforge
Le caractère d'une petite pleurnicharde
En fille désinhibée et plutôt fêtarde.

Je fabrique des petites choses
Pour aller au Pays des Merveilles ou d'Oz,
Pour fuir la réalité, à l'école,
En fabriquant des poupées de papier et de colle.

Quand la FUMÉE passe dans les poumons,
Et la tête qui tourne, qui tourne un peu plus rond,
Et je vole, je flotte au dessus de mon
Corps, et je me sens bien pour de bon.

J'écris des ROMANS
En guise de soulagement,
Pour me donner l'espoir
Que mon UTOPIE sorte du placard.

Quand la nourriture remplit l'estomac,
Un peu le cœur aussi,
Elle apporte un peu de joie
Dans le corps affaibli.
Je fais un peu de théâtre

Et de musique aussi,
Du scrap', du dessin,
De la sculpture si j'ai envie,
De la danse quand je peux,
Des petites cabanes que je construis,

De l'Art pour représenter ma vie.

J'ai pas eu une enfance heureuse,
Les moqueries : « Pleurnicheuse !»,
Le rejet, le harcèlement,
Et le Monde qui ne comprend pas la détresse d'une enfant.

Au collège, c'était pas mieux,
Entre dépressions saisonnières et sentiments amoureux ,
Et trouble PANIQUE et vertiges et insomnies,
Et le Monde qui ne comprend pas la détresse d'un
adolescent.

Et puis au lycée, ça a plus ou moins changé,
De mal en pis, pis de pis en pas mal,
Regarder vers le passé, ça fait toujours mal
Et le Monde qui ne comprend pas la détresse d'une fille qui
se sent anormale.

Née sur la mauvaise planète,
Ou le mauvais univers,
Je me sens bête
Et souvent en colère.

Pinceaux, crayons, plume, peinture,
Râteaux, déceptions, brume, ratures,
Colle, ciseaux, tableau, papier,
École, maux, mots, désespérée.

Et je fais du **cinéma**
Pour combiner tout ça,
Pour réunir en un film
Le peu de ce que j'ai d'habile.

« Une Insomnie, un Cahier, un Crayon »

28/12/2016

Une insomnie, un cahier, un crayon,
Un manque d'envie, une lampe de chevet, une infusion
À la camomille, une gorgée, de l'inspiration.

Un croquis, un raté, un brouillon,
Plus joli, déjoué, un rebond
Plus précis, détaillé, une finition.

Encore une poésie pas terminée, du son,
Minuit passé à en perdre la raison
Dans la nuit étoilée où s'étale l'imagination.

« Xav', Xav' »

01/01/2017

Xav', la vie m'gave.
Xav', j'suis grave.
Xav', j'en bave.
Toi aussi, t'en baves.

Xav', je suis l'esclave
De mon Anxiété,
Xavier,
Je ne suis pas brave.

Xav', je ne suis plus qu'une épave,
Xav', j'ai voulu traverser l'Atlantique
De ce monde que je revendique
Mais voilà en miettes mes voiles et mon étrave.

Xav', quand j'ai bu, je fais la zouave,
Je déprime et tu approuves ce que je dis d'une voix mi-
saoule, mi-suave,
Et tu ris de ce rire d'homme saoul,
D'homme qui boit pour oublier qu'il est fou.

« Drug Addict »

??/01/2017

J'aime les voyages, avec l'alcool,
C'est l'Anxiété qui décolle ;

Je suis haute, je suis bien,
Elle est toujours là, je l'entends
Mais elle ne fait plus rien.
Et avant de prendre un autre verre, j'attends,
J'en profite et je rebois quand l'effet redescend.

Et je danse, danse, danse sans faire exprès,
Et je parle, parle, parle sans faire exprès.

Des fois, j'ai pas trop d'bol
Quand je picole,
Quand mon alcool est triste
J'ai la tête dans les toilettes et je persiste
Dans mes idées folles ;
Et dans l'encadrement de la porte,
Il y a ce jeune homme qui m'écoute pleurer,
Et qui me voit, là, demi-morte
Et me photographie pour se moquer.

Et il boit, pour garder les grammes dans l'sang,
Pour oublier le drame de l'écoulement du temps.

Du coup, j'aimerais bien
Que sur mon corps, il fasse couler ses mains,

Que ses lèvres caressent les miennes et se posent sur mes
seins
Avant de faire entrer en son sein
Une énième gorgée de vin,
Comme pour faire le dessin
De celui qui boit pour oublier son chagrin.

Et quand il me déshabillera,
J'aurai ce joint entre les doigts
Comme pour retracer le sépia
De l'anxieuse qui se soulage à la ganja.

Et il se mettra juste là, comme ça, comme il faut,
Dans l'exacte posture pour qu'il soit encore plus beau.
Il sera au dessus de moi
Et fera valser sa langue
Sur les courbures de mon corps las
Et épousera mes gangues :
Ma Solitude, mon Anxiété,
Même ma sensibilité,
Ma susceptibilité et aussi ma Nostalgie
Et mes Traumatismes d'enfance,
Et aussi la dépression qui me pourrit la vie.

Les fantasmes, c'est pas si mal, quand on y pense,
Moi j'aime me faire des films dans ma tête
Pour imaginer comment ce serait si j'étais un peu moins
bête.

J'veux d'la vodka
Et encore quelques bouffées

De substances illicites
Pour endormir mon Anxiété
Et lui faire prendre la fuite.

« Je ne veux pas, je ne veux pas tomber amoureuse »

09/01/2017

Je n'veux pas, je n'veux pas,
Je n'veux pas tomber amoureuse, -
Laisse-la, laisse-la,
Laisse-la, la Pleurnicheuse.

La Pleurnicheuse ne veut pas, ne veut pas,
Ne veut pas tomber amoureuse, -
Laisse-moi, laisse-moi,
Laisse-moi, je suis anxieuse.

Je ne veux pas, je ne veux pas,
Écrire des poèmes à propos de toi, -
Mais c'est trop tard, c'est trop tard :
Elle a posé ses mots geignards.

Elle ne veut pas, elle ne veut pas
Perdre un énième ami, -
Pourquoi ça ? Pourquoi ça ?
Parce-que l'amour, ça détruit.

Je n'veux pas, je n'veux pas,
Je n'veux pas tomber amoureuse, -
Laisse-la, laisse-la,
Laisse-la, la Pleurnicheuse, l'Anxieuse, la Nerveuse, la
Peureuse, la Pleureuse, la Soucieuse, -

Ne m'approche pas, ou je vais tomber amoureuse.

« Poésie »

12/01/2017

J'écris des poèmes comme je perds mes cheveux,
Pas fais pour dire « je t'aime » mais faire quelques aveux,

Ils se dispersent et s'entassent,
Montrent comme je suis lasse,
Mais jamais ne remplacent
Un joli face-à-face,

Et, dans tous les cas,
Jamais je ne m'en lasse.

« Cette fille »

19/01/2017

J'ai rencontré une fille
À cette soirée,
Elle portait un baggy
Et le symbole « Om » sur son haut-T,
Et comme prise dans une énergie infinie,
Elle dansait, et elle dansait
Comme pour oublier sa folie.

Mais qui est cette fille ?

Tirant fort sur le joint,
Une vodka-pomme à la main,
Son Anxiété l'abandonne enfin
Et la laisse oublier le lendemain.

Mais qui est cette fille ?

Quand elle a trop bu,
Elle court à la salle de bain :
Elle vomit ses traumatismes et ses amours déçus
Et pourtant, elle se sent bien :
Elle se dit que si elle avait su
Jamais elle n'aurait tenté,
Jamais elle n'aurait voulu
Brancher ses doigts pour s'électrocuter.

Mais qui est cette fille ?

Elle veut faire plein d'expériences,
Tout faire, tout risquer,
Les conséquences, elle s'en balance,
Elle veut seulement profiter,
Rattraper le temps perdu
À déprimer
Au lieu de vivre sa jeunesse ;
Elle veut tout connaître,
Le monde, le sexe et l'ivresse
Même si ce n'est que du paraître.

Mais qui est cette fille ?

Cette fille, elle n'est plus seule,
Enfin,
Mais elle se saoule le gueule
En vain.

Mais qui est cette fille ?

De nature timide, elle bégaye,
Pour aller mieux, elle essaye
De se défoncer
Avec des peaux d'bananes,
Comme une hippie d'y'a 50 années
Elle se pavane,
Porte 50 bracelets.

Mais qui est cette fille ?

Elle veut du cannabis,
Soigner les cicatrices
Même si la drogue n'est qu'un artifice,
De belles substances faisant d'elle une actrice
Et calmant ses caprices ;
Elle veut goûter aux bénéfices
De la jeunesse insouciante,
Comme elle en a tant rêvé, la jeunesse dansante ;
Elle veut faire l'armistice
Avec son passé épouvante.

Mais qui est cette fille ?
Mais qui est cette fille ?

Elle s'appelle Camomille
Mais elle la fume aussi ;

Je ne sais plus qui je suis,
Je ne sais plus qui je suis :

Je m'appelle Camomille
Et je la fume aussi.

« La Pluie »

06/02/2017

J'adore le bruit que font les gouttes de pluie lorsqu'elles s'écrasent sur la vitre. C'est une douce cacophonie, paisible et relaxante. À chaque goutte qui meurt sur le carreau, une nouvelle idée me vient en tête, qui en font naître dix autres qui vont à leur tour en faire naître dix autres chacune. Alors je reste là, confortablement installée entre les coussins moelleux et les couvertures du matelas sur lequel je suis assis, les narines agréablement chatouillées par l'odeur humide de la vapeur qui s'échappe de ma tasse de café, et les yeux émerveillés par les lumières colorées que m'offrent les guirlandes qui m'entourent.

« Tox »

Et finalement, est-ce que ça t'a aidée, tout ça ? Non, mais je veux dire, vraiment aidée ? Parce-que, oui, c'est bien beau d'enchaîner les joints et les verres de vodka, mais est-ce que ça t'a guérie de ta dépression ? Est-ce que ça a guéri ton anxiété ? Et par « guérir », je ne dis pas « oublier », pauvre conne, oublier c'est pas guérir. Quand t'as oublié que t'avais un cancer pendant quelques heures, la tumeur était là, elle est l'est toujours, grandissante et terrible. C'est pareil pour tes problèmes. Plus tu essayeras de les fuir et moins tu sauras y faire face, tu finiras comme une toxico addict à l'amnésie, et cette amnésie tu voudras toujours la traiter, encore et encore ; sauf que pendant ce temps, ton cancer, tu peux pas le soigner avec une maladie d'Alzheimer.

Tu crois que ça te fait du bien ? T'es complètement à côté de la plaque, ma pauvre. Tout ce que tu vas faire, c'est t'enliser dans le cercle vicieux de la recherche infinie de l'état second, l'état second pour fuir comme une lâche. Je te pensais plus courageuse que ça. T'as vécu pire que ça. Tu combats le mal par le mal, c'est stupide. T'es stupide.

Après le sommeil, puis l'alcool, puis l'herbe, tu veux aussi essayer le sexe ? Ouais, le sexe c'est super, tout le monde adore ça. Mais tu comptes vraiment finir de cette manière ? Coucher à droite et à gauche pour combler ton interminable manque d'affection ? Un puits sans fond, ça se comble jamais, et encore moins quand on l'a bâtit dans l'enfance. En accumulant les coups d'un soir, tu finiras par te sentir encore plus seule, plus sale, tu finiras par réaliser que tu t'es transformée en chaudasse. T'as raison, ouais, continue comme ça, sois attirée par tous les mecs qui t'entourent, laisse le premier venu poser ses mains sur ton corps, laisse-le profiter de ton besoin pathétique d'être touchée, caressée, massée et bercée, laisse-le, laisse-les, laisse-les profiter, tous ces porcs, ces pervers, ces enfoirés pour qu'ils détruisent tes ruines.

Comme si toutes ces drogues ne suffisaient pas, tu veux aussi manger des champignons magiques. Mais qu'est-ce qui sera réellement magique dans tout ça ? Tu crois qu'en voyageant dans un nouveau monde, tout ce qui t'abat dans celui-ci disparaîtra ? Ce ne sont que des illusions. Des illusions dérisoires, miroirs, qui ne te sortiront jamais de ton désespoir.

« Des alcools, des verres, des gens... »
26/02/2017

Des alcools, des verres, des gens, des musiques, des lumières, des couleurs, des flaques, des tâches, des fumées qui me donnent la nausée ;

Et puis il y a toi qui ressort dans le brouillard de la soirée.

Alors je te regarde arriver, habillé d'une chemise qui te va bien et d'un jean,

Prêt à boire du vin surtout mais aussi du jaëger, du crémant, de la bière et du gin.

Et tu me regardes dans les yeux avec tes lasers tout bleus et je crois que tu souris,

Et je regarde tes yeux et probablement que mes lèvres s'étirent un peu aussi.

« Wubba Lubba Dub Dub »
09/03/2017

Mes sourires, mes joies, mes envies ne sont finalement que
des balivernes,
Derrière le masque se cachent encore des larmes, des
grimaces, des rides, des cernes.

C'était beau de penser que je commençais à guérir,
Que la dépression se faisait petite face aux amis, aux projets
et aux éclats de rire.

J'ai les ongles rongés, l'esprit lacéré par l'Anxiété
Qui me ronge, elle aussi, et perturbe mes songes
Que voilà cauchemardesques, incompris, apeurés.

Je vais mieux mais pas bien,
Mon esprit est pieux, mais pas encore serein :
J'ai besoin de ses yeux et de son rire malsain
Pour que mon corps synthétise de la joie en mon sein.

Il n'y a pas de bleu quand je regarde le ciel,
Que des nuances de blanc et de gris,
Il me faut du vert pour rendre le monde plus joli :
Comme unique solution : les paradis artificiels.

Tout change dans ma vie,
Mais je n'ai plus d'inspiration :
À l'instant où j'écris,
Je veux rentrer à la maison.

J'ai le spleen des petits,
Le même que quand j'étais enfant,
Je voulais aimer la vie
Et voir l'avenir en grand ;
Mais je vis dans une dystopie
Car rien ne va, finalement.

J'ai oublié mes rêves :
Ils finissent toujours en cauchemars ;
Chaque joie est trop brève :
Ça ne va plus, c'est trop tard.

« Cas Clinique »

15/03/2017

Le soleil est revenu, mais il y a toujours ce vent frais qui hérisse mes poils et cette angoisse constante qui me glace le sang.

La médecine ne s'intéresse pas à la dépression. C'est trop simple de remplir les poches de l'industrie pharmaceutique avec une théorie de régulation du niveau de sérotonine sécrétée par le cerveau.

La dépression est une maladie complexe et pleine de contradictions. L'épuisement sans sommeil qui cerne les yeux, la faim sans appétit qui creuse l'estomac, la peur sans danger qui accélère la fréquence respiratoire pourtant si faible. Il y a aussi cette monotonie sans ennui, ce ralentissement moteur sans décélération de la vitesse de pensée, et puis cette sensation de vide permanent que rien ni personne ne pourra jamais combler.

« Légalisation »

22/03/2017

J'ai du shit sous mes ongles rongés
Que j'effrite lorsque j'en ai besoin,
Rien ne peut remplacer l'odeur immaculée
Du cannabis dans mes mains.

Encore d'autres bouffées
Pour oublier demain,
Ma vie sans la fumée
C'est un estomac sans pain.

J'apprends à rouler
Comme à être plus serein,
Pour chasser l'Anxiété,
Rien de tel qu'un joint.

Quand j'achète un sachet
Cela me coûte un rein,
C'est le prix à payer
Pour soigner mes songes malsains.

Les antidépresseurs,
Ils ne me servent à rien :
Pour soulager mon cœur
C'est d'herbe dont j'ai besoin.

Et l'alcool, et la nicotine,
Et ces drogues légales,

Qui font fuir les Carolyn
Des personnes dites « normales »,
Qui tuent plus qu'un bandit
Qu'a du sang plein les mains,
Qui amènent les Lily
Et les mots crétins ;

C'est rendre banal
Le vrai criminel,
Celui qui, par trois balles
Conduit au ciel,
Comme le sucre, la caféine,
Le gras, le sel et les médicaments ;
Alors pourquoi la Marie divine
Est-elle menottée ?
Pourquoi cette criminalisation ?
Pourquoi est-ce Jeanne, apaisant,
Que l'on conduit en prison ?

Peu d'effets secondaires,
Naturelle et primaire,
Efficace, casse les angoisses :

Vers la légalisation !

« Baisébriété »

29/03/2017

Je voudrais que tu m'embrasses, encore,
Que tu me jettes sur un matelas
Et fasses glisser tes mains sur mon corps
Comme un snowboard sur le froid.

Agis de nouveau comme samedi,
Je t'en prie,
Quel beau cadeau que tu m'offris
Quelques minutes avant que tu ne fuies.

Tes lèvres étaient douces comme un nuage,
Tes yeux bleus comme l'horizon sur la plage,
Et puis tes cheveux ébouriffés d'homme saoul,
Et puis ton jeu de rôle de type de 20 ans qui s'en fout.

Et puis arrête de faire semblant,
Je sens tout,
Mon empathie est fiable à cent pour cent
Et je connais ces doigts sur mon cou.

Le vin sur ma langue, la fumée qui embaume,
Tu ne m'auras pas à tous les coups,
Tu es le plus génial de tous les hommes
Mais le moins sobre des bisous.

Donne-moi juste un rendez-vous,
Un regard, une chance ;

Montre-moi encore comme tout
Est foutu, quand on y pense.

« Vodka-Pomme »

04/04/2017

J'ai souvent espéré
Qu'un miracle se produise,
Que quelqu'un vienne avec l'idée
De me sortir de la mouise.

J'me suis souvent imaginé
Des garçons qui me touchent,
Qui soulagent le manque désespéré
D'affection quand je me couche.

Oui, j'ai souvent rêvé
De fêtes et de tentes et d'alcool,
Il a fallu du temps passé
Pour que j'aie enfin un peu d'bol.

Alors maintenant,
Je noie mon chagrin dans la vodka-pomme,
Je noie le malheur du temps
Qui passe dans la boisson qui m'assomme.

Une gorgée, deux gorgées, trois gorgées,
Un verre, deux verres, trois verres avalés
Et là, c'est le gramme
Qui me fait oublier mes drames.

Les lendemains de soirée,
La souffrance reviendra,

Je le sais,
Mais tout sera
Moins affligé.

Alors maintenant,
Je noie mon chagrin dans la vodka-pomme,
Je noie le malheur du temps
Qui passe dans la boisson qui m'assomme.

« Hier »

Nous sommes un lendemain de tout
Et je remets tout au lendemain,
J'ai peur du lendemain et partout
Je veux me rendre dès demain.

« Secte »

27/04/2017

J'ai peur de rien,
J'ai peur de tout,
L'Anxiété
Comme seul gourou.

D'une force violente,
Me rue de coups,
Assez collante,
Me suit partout :

Elle me regarde et prend mon cœur
Qu'elle serre fort dans ses mains de peur.

Tic tac le temps,
Dangereux les gens,
Attention ! Dépression,
Exaltation des sens,
Recherche du sens
De la vie, sans
Embûches, cent problèmes,
Goutte de sang,
Goûte les larmes des innocents.

« Rechute »

21/05/2017

Je n'ai plus la force d'écrire
Car à vrai dire
Ça va pas fort,
Je n'ai plus la force de rire
Ni même d'avoir des remords.

Tout est si difficile
Et je ne me comprends pas :
Hier, tout semblait facile
Et aujourd'hui plus rien ne va.

Je voudrais partir,
Très loin, et voir la mer,
Peut-être fumer un ou deux joints
Et oublier l'éphémère.

« Le Crayon Titi »

22/05/2017

J'envoie en l'air l'école, et ses manies d'interdire,
Je veux me consacrer à écrire,
Et tant pis, les heures de colle, j'ai déjà connu bien pire,
Maintenant je retourne à mon univers et y construis mon
empire.

Tout est changé, aujourd'hui,
Et je recherche le bonheur ;
Armée de mon Crayon Titi
Je n'ai plus peur.

Entourée de mes amis
Que j'ai attendu si longtemps,
Plus rien ne m'atteint, vraiment,
Je ne sais même plus si
Je suis effrayée par le Temps.

« Il y avait tous ces arbres »

26/05/2017

Il y avait tous ces arbres autour de moi. Tous ces arbres de feux effrayants, de citrouilles grimaçantes, abritant des rouge-gorges, des corbeaux et des poussins tombés du nid. C'était beau. Infiniment beau dans sa laideur poisseuse de moisissures et de mousses humides.

Il commençait à pleuvoir. Des petites gouttes, tout d'abord, timides, elles avaient peur de déranger. Et puis elles ont commencé à prendre la grosse tête, et elles se fracassaient contre la terre et les feuilles mortes comme un marteau sur un clou.

J'avais froid.

« Charmes et Songes Rassurés »

2-12/06/2017

Un nouveau jour s'est levé
Devant mon regard hébété
Quand j'ai, une fois de plus, tenté
D'écourter ma vie torturée.

Trop lourds pour moi, Traumatisme et Anxiété,
D'un pont, je voulais me jeter ;
Mais j'ai envoyé un message dans l'eau vermoulue
Et il me semble bien que l'on m'a répondu.

Une bouteille arriva, et l'on me dit
Qu'on allait débarquer chez moi
Pour assurer ma survie
Et consoler mes tracas.

Mais l'attente, étant trop longue,
Et l'Angoisse, trop immonde,
J'ai saisi ma lame lacérée
Et ai fini ensanglantée.

Quand mes sauveurs sont arrivés,
J'ai ouvert la porte.
Comment leur expliquer
Tout le sang que j'emporte ?

Ils ont nettoyé, dans ma chambre, le liquide couche par couche,

Tandis que je voyais l'eau toute rouge couler dans ma douche.

Ensuite, ils m'aidaient à panser mes blessures
Et ma mère s'est levée. Elle ne s'y attendait pas : c'est sûr.

Elle a cherché mon père, et puis nous discutâmes longuement. Après avoir dit et redit que j'allais, sans doute, être à nouveau hospitalisée après un tel incident, mon paternel a finalement conduit mes amis à leur domicile et tout le monde se coucha. Le lendemain matin, on me réveilla aux alentours de dix heures pour m'annoncer que je devais faire mes valises. Je m'en retournais à l'hôpital.

J'étais si malheureuse, mon cœur avait si mal,
Je ne voulais pas revivre le même enfer,
Celui de quand j'étais toute seule, l'année dernière.

Mais les événements prirent finalement une autre tournure. Chaque jour, je reçus de la visite de la part de tous mes amis, ainsi que de mes parents et ma sœur, et des appels, et même des cadeaux.

Je repris confiance en moi,
Cette fois, tout était beau ;
Je voulais sortir de là
Et continuer à écrire :
Reprendre ma vie d'artiste,
Me remettre à sourire.

Même l'Alcoolique était venu,
Peut-être sans complaisance ?
Je me demande, quand il a vu
Mes coupures, ce qu'il en pense ?

En est-il indifférent ?
Ou l'a-ce blessé ?

D'ailleurs, chers lecteurs,
Je ne vous l'ai point annoncé :
Finalement mon cœur,
Depuis un temps, a chaviré :
L'Alcoolique Xavier,
Amoureuse, j'en suis tombée.

Je suis finalement sortie,
Pleine de cicatrices
Toutes roses, mais, au revoir, les caprices :
Désormais, je la reprends en main, ma vie.

Je vais me venger,
Me venger de mes agresseurs,
De ceux qui, sans rancœur,
M'ont traumatisée.

Alors je vais écrire
Jusqu'à ne plus avoir d'encre,
Contre ceux qui prirent
Mon enfance et ceux me désignant comme cancre.

Je vais créer
Jusqu'à l'impossible,
Pour faire imaginer
Un univers moins terrible.

Et que de films, vais-je réaliser !
Des tas, jusqu'à m'épuiser,
Et je vivrai vieille et sage,
Mais surtout je vivrai sans jamais
M'écraser comme je l'ai fait par le passé.

Camo a moins de maux
Et va étaler son cerveau :
Elle va poser tous ses mots
Et voit maintenant, comme tout est beau.

Camomille aux milles et un mélodrames,
Elle a troqué sa lame
Contre un lot de charmes
Rassurés et compris.

« Conne de Chantier »

12/06/2017

Il y a quelques temps,
Je pensais mourir dans trente ans,
Pendue à une poutre
De mon appartement.

Mais les temps ont changé
Et j'ai abandonné
Mes traumatismes et mon désespoir,
Pour laisser place
À l'optimisme et aux sorties tard le soir.

Alors dans trente ans,
Au lieu de me suicider,
J'en fumerai des grands
Et je leur dirai :

Pendant nos jeunes années
On naviguait vers le cosmos
Pour remplacer nos pleurs moroses
Par des neurones en osmose.

Je leur dirai :

Sur notre bateau,
On se sentait tout puissant,
On volait des plots
Et on s'envolait en riant.

Je leur dirai :

Touchez à notre navire
Et vous aurez affaire à nous,
Attaquer par le sourire
C'est plus beau qu'avec des coups.

Je leur dirai que

Parfois, on se noyait
Et vomissait par-dessus bord,
C'est que l'alcool en excès
Ne rend pas toujours plus fort.

Quoiqu'il en soit, dans trente ans,
Au lieu de me pendre,
Je fumerai sans me faire prendre
Et je dirai

Qu'encore aujourd'hui je me souviens d'eux
Et qu'il n'y a pas d'adieu :
On s'appelait « Les Plotteurs »
Et on voyage encore dans mon cœur.